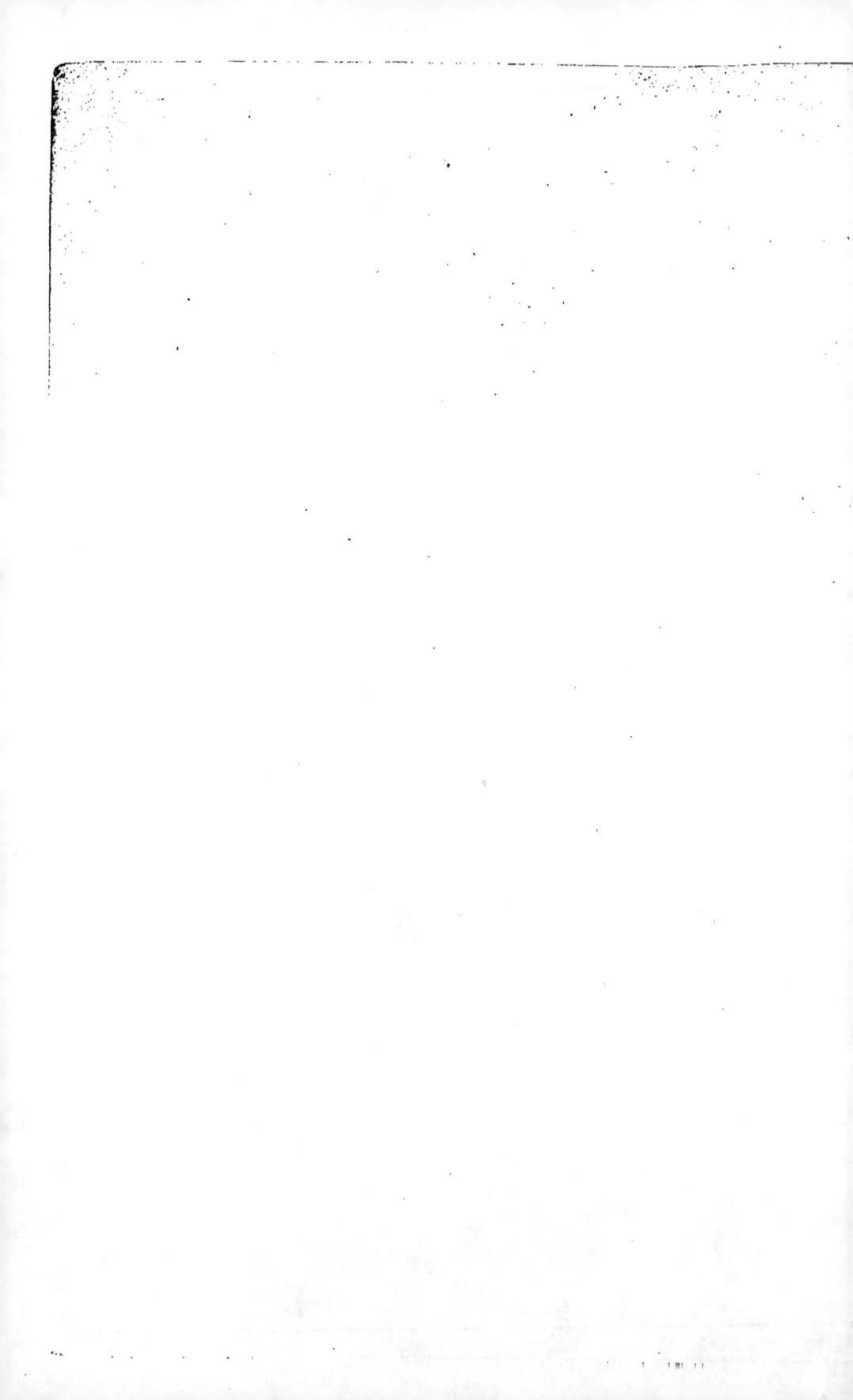

L'AVENIR DU PRÊTRE

APPLIQUÉ

PAR

CHARLES BAYLE.

« D. Quelle est la source unique des capitaux ?
« R. L'épargne. »
J. B. SAY, *Catéchisme d'Économie politique.*

DEUXIÈME ÉDITION.

AVIGNON

SEGUIN AÎNÉ, IMPRIMEUR-LIBRAIRE
rue Bouquerie, 13

1863

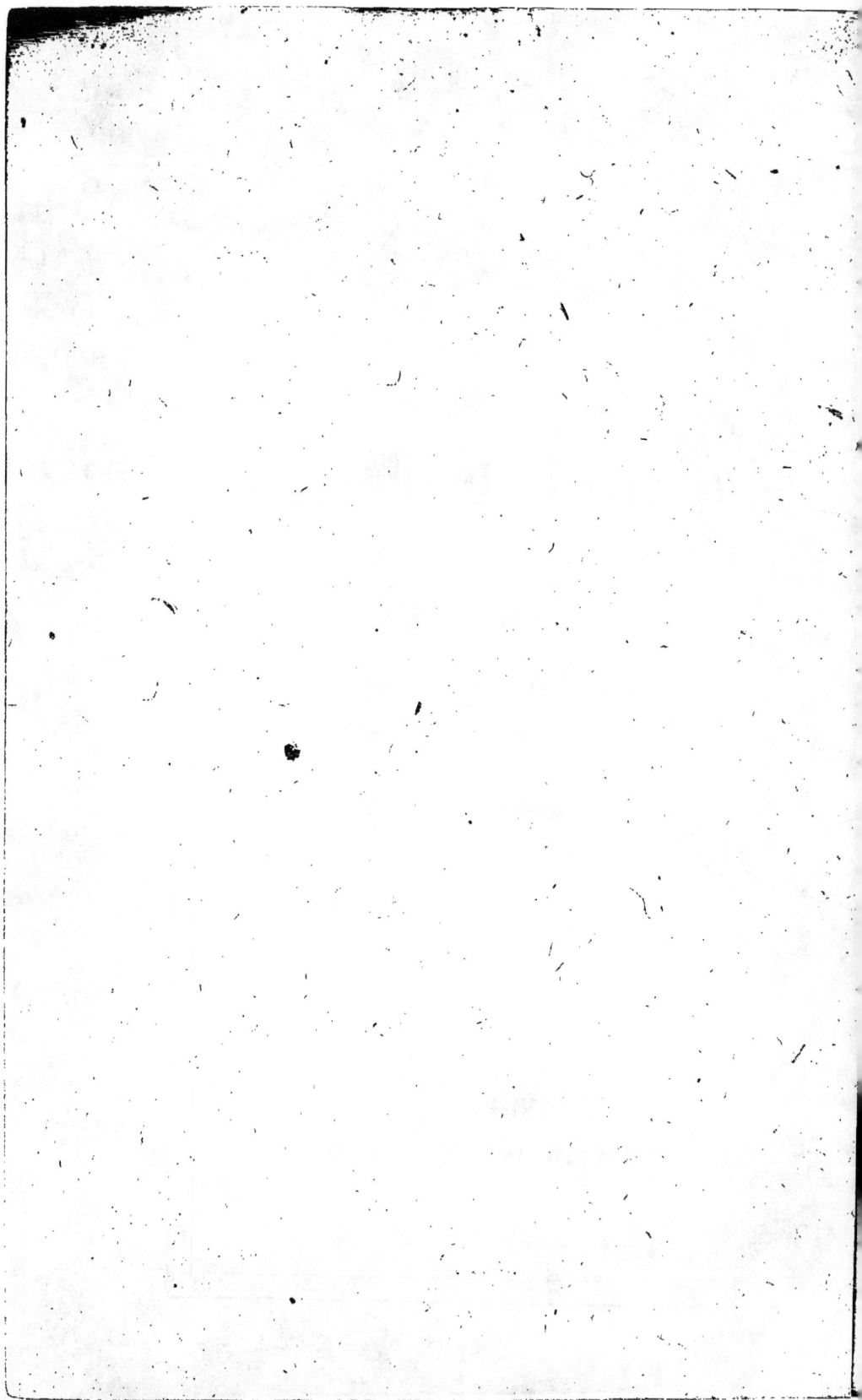

DU SYSTÈME

DE L'ASSURANCE SUR LA VIE

APPLIQUÉ

A L'AVENIR DU PRÊTRE

PAR

CHARLES BAYLE

Inspecteur-Divisionnaire de la C⁰ Anglaise *THE GRESHAM*
17, rue de *La Croix*, à Avignon.

> « D. Quelle est la source unique des capitaux ?
> « R. L'épargne. »
>
> J. B. SAY, *Catéchisme d'Économie politique.*

DEUXIÈME ÉDITION.

AVIGNON

SEGUIN AÎNÉ, IMPRIMEUR-LIBRAIRE
rue Bouquerie, 13

1865

TABLE DES MATIÈRES.

CHAPITRE PREMIER.

L'AVENIR.

Depuis longtemps on se préoccupe de l'amélio-ration constante et progressive des classes laborieu-ses. Les besoins de leur condition morale et maté-rielle attirent l'attention des hommes éclairés et des esprits sérieux, qui cherchent à résoudre cette question d'éternelle justice.

Quelques orateurs de nos grands corps politiques ont prononcé naguère, dans l'enceinte du Sénat et de la Chambre législative, des paroles chaleureuses pour l'avenir du Clergé, et d'éloquents plaidoyers en faveur du bien-être nécessaire à l'ouvrier. C'est faire acte de patriotisme que s'appliquer à rendre meil-leures les situations de ces individualités sociales. Bien souvent, aussi, des économistes ont ima-giné des théories qu'on a vues naître, mais qui sont restées infécondes et impuissantes En effet, c'est une grande illusion de croire, qu'avec l'autorité d'un

article de loi, ou quelque combinaison économique nouvelle, on peut guérir tout à coup la plaie
saignante et douloureuse du paupérisme.

Sans prétendre innover en matière de bienfaisance, il est du devoir de tous de suivre à la trace
ceux qui ont aimé l'humanité et tenté de la secourir. J'essayerai, dans l'humble mesure de mes forces, de faire modestement quelque bien.

Le Gouvernement manifeste sa haute sollicitude,
par la vive impulsion qu'il a donnée de nos jours à
la création des Sociétés de secours mutuels, à la
constitution des Caisses de la vieillesse et d'épargne.
Ces fondations, dont l'application la plus incon-
testée est appropriée à l'extinction du paupérisme,
ne sont pas moins précieuses aux yeux de la morale
qu'à ceux de l'humanité.

Elles donnent des retraites aux vieillards ; elles
rendent la sécurité à l'ouvrier, en l'affranchissant de
l'incertitude du lendemain, et ce sentiment d'indépendance exerce une influence salutaire, non-seulement sur le caractère de l'ouvrier, mais encore
sur son bonheur. Il lui conserve cette fierté que
donne la conscience d'une position acquise, d'un
droit reconnu ; et l'épargne, qui en est le principe
et la sauvegarde, ne tarde pas à devenir chez lui
une habitude. Quand il est entré dans cette voie,

il comprend très-vite l'heureuse transformation qu'elle doit opérer dans sa condition. Il y concentre toutes les espérances qui doivent améliorer les rudes situations qu'il voit de si près dans la vie.

Mais la plupart de ces institutions philanthropiques ne prévoient que les accidents douloureux de l'existence, et leurs bienfaits disparaissent et périssent alors qu'ils seraient le plus désirables : je veux dire, à la mort du membre participant.

Frappé de cette lacune imprévue dans nos diverses associations, il m'est venu à la pensée d'y suppléer par le concours efficace des Assurances sur la vie.

Rassurer nos classes laborieuses, par la garantie que leur offrent les Sociétés de secours et les Caisses de retraite contre le chômage, la maladie et la vieillesse ; les exonérer par les Assurances, des conséquences funestes de la mortalité, si fécondes en désastres pour l'individu et la famille : tel est le problème social qu'il est important de résoudre. En présence des situations où languit et souffre une partie considérable de l'humanité, sa solution devient impérieuse. Le seul spectacle de la misère est une douleur dont un pays civilisé cherche toujours à s'affranchir. Aussi, indépendamment des secours nombreux donnés par la charité des particuliers, une sorte de bienfaisance publique, et peut-être d'orgueil national, s'impose le devoir de protéger certaines infortunes. Mieux vaudrait combattre et vaincre le paupérisme, en développant le sentiment de la responsabilité individuelle ; en fortifiant la volonté par l'économie et le travail ; en détruisant cette défaillance morale qu'engendre l'aumône, et qui déshabitue du courage, en donnant l'habitude de vivre de la vertu des autres.

J'adresse cette brochure au Clergé, pour satisfaire aux désirs qui m'ont été exprimés, et auxquels je suis heureux de répondre. Beaucoup de ses membres subissent en silence, avec une résignation sublime, les angoisses de l'indigence qui est si souvent l'apanage de leur vieillesse. C'est à l'avenir du prêtre que je vais essayer d'appliquer le système de l'Assurance sur la vie. Elle convient à toutes les conditions sociales, mais surtout au Clergé, que le ministère religieux tient éloigné des affaires spéculatives, peu compatibles ordinairement avec la dignité du sacerdoce.

L'épargne et l'association sont les moyens sûrs et infaillibles qu'il doit employer pour se procurer le nécessaire ; et, quand on a besoin du nécessaire, il faut se hâter, car avec lui il n'y a pas d'accommodement.

La sympathie que nous avons rencontrée dans le Clergé, qui, pour prévenir le dénuement des vieux jours, recherche la combinaison des rentes viagères constituées à un âge avancé, prouve l'avantage qu'il espère obtenir d'une opération de ce genre.

L'application d'une mesure équivalente à tous les prêtres d'un diocèse, donnerait sans doute une grande sécurité, puisqu'elle s'affirmerait par la propriété d'un revenu suffisant à leurs besoins futurs. Mais cette solution, quelque favorable qu'elle paraisse, est incomplète et ne répond qu'incidemment à la question de l'avenir : elle se limite et s'arrête à l'existence de ceux qui y auraient participé, et s'éteint au delà. L'association, ainsi conçue pour la retraite, est d'ailleurs toute personnelle, et revêt, si j'ose le dire, un caractère d'égoïsme. Elle va directement contre le but à atteindre : elle isole et sépare ceux qu'elle devrait unir.

Elle ne peut devenir réellement bienfaisante, qu'à la condition de lier par une étroite solidarité tous les membres d'une même famille dans un commun intérêt et une même espérance. C'est ainsi qu'il faut l'entendre pour lui conserver sa grandeur morale.

Il importe, en effet, de protéger le prêtre non-seulement dans son individualité, mais aussi dans le corps tout entier du Clergé, *pour le présent et l'avenir.* Et afin de réaliser cette grande pensée, il faut les convier tous indistinctement à coopérer au succès de cette œuvre. Des efforts isolés et si souvent stériles de leurs épargnes, il est nécessaire de produire une force unique qui se développera dans l'Association ; et le bien-être alors naîtra au profit général, comme au profit particulier.

L'étude attentive de l'économie des Assurances sur la vie me persuade que cette institution est appelée à résoudre ce problème. Il peut se définir par une formule générale qui renferme, dans ses termes, le principe et les conséquences de sa solution :

SOLIDARITÉ DE L'ÉPARGNE APPLIQUÉE AUX LOIS DE LA MORTALITÉ.

« L'Assurance, a dit un de nos écrivains, est essentiellement chrétienne : elle fera époque dans l'histoire de l'humanité, comme une des glorieuses étapes de la civilisation. C'est l'avénement, dans l'ordre économique, de la mutualité : loi de paix et de justice proclamée depuis dix-huit siècles ! c'est la raison humaine qui arrive enfin à la réalisation de l'une des données évangéliques ! »

Réunir, associer tous les prêtres d'un diocèse,

leur demander, j'allais dire un sacrifice, une mo-
deste économie annuelle pour créer en leur faveur
un patrimoine commun : c'est le but que je me
propose.

Ce fonds social se formerait par une action ré-
gulière sous l'empire des lois de la mortalité, et
grandirait par la puissance du cumul de l'intérêt.
Il donnerait à chacun le droit imprescriptible à
une retraite personnelle qui lui serait acquise et
distribuée à 60 ans. Héritiers les uns des autres, le bénéfice de cette retraite appartiendrait à
l'Association, si la mort surprenait le prêtre avant
d'avoir atteint cette limite d'âge. On assurerait par
là, dans l'avenir, des revenus qui pourvoiraient
seuls à toutes les nécessités, sans toucher au fonds,
cette réserve sacrée, que léguerait la génération
présente aux prêtres des générations futures.

Telle est l'institution qui doit constituer l'indépendance du Clergé, et dissiper ses inquiétudes !

Car il est aujourd'hui hors de discussion que nos
calculs donnent la plus parfaite sécurité dans leur
application. Il est aussi surabondamment prouvé,
en finances comme en industrie, que les plus grandes forces sont celles qui résultent du concours d'un
grand nombre de petites forces, et que le plus puis-

sant banquier du monde est celui qui dispose de
l'obole du prolétaire.

Reposant sur les lois immuables de la mortalité ,
l'Assurance ne redoute pas les atteintes des crises
commerciales et politiques dont le retour est fré-
quent. Et si nous étions transportés tout à coup
des régions sereines de la force et de la paix natio-
nales dans des perturbations inattendues; s'il nous
était réservé de subir encore les malheurs et la spo-
liation du temps passé , nos contrats d'Assurance
resteraient en toute sûreté au milieu des tempêtes
politiques. En effet, insaisissables par leur nature
et le droit jugé , ils pourraient être , sans risques
et sans périls, réglés à leurs échéances au siége de
la Société à Londres, ou dans les comptoirs de nos
Succursales européennes.

Ainsi le prêtre trouverait , dans l'Assurance et
l'association , le bien-être qu'il lui faut, et l'indépendance qui convient à son caractère. Sa dignité ,
surtout , n'aurait rien perdu pour les avoir acquis
par ses épargnes, qui , seules, doivent consolider
sa sécurité et sa liberté. Après de longs jours, si
bien remplis par le dévouement et le sacrifice, il se
sentirait enfin , dans sa vieillesse , à l'abri de la
pauvreté, à laquelle il ne sut jamais opposer qu'une
héroïque abnégation.

La Caisse commune, sous la haute direction des Évêques, suffirait à tous les besoins. Le grand cœur de nos prélats se réjouirait en distribuant les bienfaits de cette œuvre, que leurs successeurs continueront aux générations futures : l'histoire l'enregistrera dans les annales de l'humanité.

CHAPITRE II.

LES TONTINES.

.

—

Définir l'institution des assurances sur la vie; déterminer la nécessité de leur application pratique : telles sont les deux propositions dont le développement me semble utile à l'étude de cette question d'économie sociale.

On confond généralement les Assurances et les Sociétés tontinières : cette assimilation est une erreur grave. Il est important de la signaler, autant qu'il est urgent de la détruire, dans une esquisse rapide de leur histoire.

Vers le milieu du dix-septième siècle, les Tontines, instituées en France, obtinrent un immense succès dès leur début. Cette vogue se continuait encore à l'époque de la Révolution de 89. La Tontine Lafarge, — on se souvient de sa triste célébrité —, a laissé des regrets qui sont encore vivaces.

Oubliant les rudes leçons de l'expérience du passé, on s'éprit d'engouement, il y a vingt-cinq ans à peine, pour de nouvelles sociétés qui surgirent en grand nombre. Il est vrai que pour mieux dissimuler leur origine et leur caractère, elles se parèrent du titre d'Assurances mutuelles sur la vie. Elles fondaient une association de capitaux placés sur la tête des enfants et des adultes de tout âge. Les fonds étaient convertis en rentes françaises; et, à l'échéance, la bourse commune, capital et intérêts, devait se partager entre les associés survivants, à l'exclusion des décédés.

Les affiches et les prospectus présentèrent cette spéculation sous son jour le plus favorable, avec une merveilleuse habileté. Des myriades d'agents furent mis en campagne pour proclamer l'infaillibilité des résultats. On les promettait, d'ailleurs, avec d'autant plus d'impunité, que les directeurs de ces Sociétés ne contractaient aucun engagement personnel, et ne garantissaient aucun capital.

Chose étrange! il suffisait d'un simple calcul, basé sur les tables de mortalité et sur le cumul de l'intérêt, pour s'éclairer sur la valeur réelle des bénéfices annoncés. Cependant des hommes d'affaires, des gens de finances, parfaitement capables de résoudre ce facile problème, acceptèrent aveuglément cette perspective mensongère d'une fortune impossible. Sollicités par les puissants ressorts de notre nature, l'intérêt et l'affection, les chefs de famille se laissèrent entraîner, éblouis par le mirage des résultats magnifiques qu'on leur faisait entrevoir dans l'avenir. Ils ne comprirent pas que, si ces promesses eussent dû se réaliser, il fallait que les trois quarts au moins des assurés se fussent donné le mot pour mourir dans la dernière année de l'association; c'est-à-dire, après le paiement intégral de toutes les annuités.

Une opération de ce genre devient d'autant plus immorale que, pour l'effectuer, la spéculation repose, sinon sur le désir, tout au moins sur la nécessité du décès imprévu de la majeure partie des associés; mais la vie et la mort, heureusement pour l'humanité, ont leurs règles immuables : elles s'accomplissent sous l'empire des lois que Dieu leur impose, et sont peu soucieuses de ces espérances.

Aussi, à la dernière heure, les sommes laissées en partage par les décédés aux nombreux survivants, furent de si minime importance qu'elles suffirent à peine à couvrir la perte que le fonds social avait eu à subir, par la dépréciation des rentes. Cette dépréciation n'a pas été moindre de quarante pour cent, à l'époque où eurent lieu plusieurs de ces répartitions.

Grande fut la déception qui brisait tant d'espoirs chimériques! La réaction qui s'ensuivit détermina une explosion de cris et de colères. Les plus fervents prosélytes de ces sociétés devinrent leurs détracteurs les plus sévères, et aussi les plus injustes. On les accusa, sans motifs et sans preuves, de malversations, de dilapidations de fonds. Cependant, si l'on peut dire quelque chose en leur faveur, dans cette déplorable histoire des Tontines, c'est qu'à très-peu d'exceptions près, elles furent irréprochables dans leur administration.

L'œuvre lente et normale de la mortalité, facile à connaître ; la baisse des rentes, complétement éventuelle, furent les causes des résultats si décevants qui suscitèrent tant de clameurs, et qui jetèrent dans les esprits une méfiance si profonde.

Par irréflexion et par injustice, on semble vouloir persister, aujourd'hui encore, à confondre deux institutions dissemblables et diamétralement opposées : les Tontines et les Assurances sur la vie.

Il est possible, j'en suis sûr, de détruire cette erreur générament répandue, et d'avoir raison des préjugés qui existent dans toutes les classes. On les a habituées au jeu si séduisant des opérations tontinières : il faut, pour déraciner, pour extirper le mal, lui opposer et propager le grand principe de l'Assurance en cas de décès, dont l'utilité est aussi incontestable, que son application est méconnue.

Des efforts constants, et souvent réitérés, ramèneront infailliblement l'opinion publique à juger elle-même, qu'entre les Tontines qu'elle connaît trop, et l'Assurance sur la vie qu'elle connaît peu encore, il n'y a aucun rapport, aucune analogie : tout au contraire, le contraste est frappant.

Il faut, écrit M. E. Reboul, mettre toutes ces vérités hors de doute, les publier sous toutes les formes ; et puisque la répétition, — comme le disait Napoléon Ier —, est la figure de rhétorique la plus puissante, il ne faut cesser de les redire que lorsqu'on aura cessé de les méconnaître.

Un exemple comparatif sera, je crois, concluant, et n'aura besoin d'aucun commentaire : je le livre à l'appréciation de tous.

OPÉRATION TONTINIÈRE.

Un père de famille veut constituer à son enfant âgé d'un an, un capital, une dot, payable à sa majorité.

Son industrie est prospère ; il peut, sans gêne, prélever sur ses bénéfices une prime annuelle de

2

mille francs. En souscrivant, il verse au profit des directeurs, et à titre de frais d'administration, le cinq pour cent du total des annuités : impôt exorbitant, si l'on considère qu'il peut peser sur celles *des annuités* dont le paiement doit cesser par la cause rationnelle du décès de l'assuré.

La Tontine reçoit sa cotisation, promet un résultat fort avantageux, sans doute, mais ne s'oblige à rien : c'est l'inconnu, et dans vingt-un ans le mot de l'énigme sera révélé.

Si l'enfant meurt, toutes les épargnes sont perdues, sans compensation : c'est douloureux. Mais l'hypothèse la plus désastreuse, c'est la mort du père de famille.

Non-seulement alors il prive sa veuve et son enfant des bénéfices de son industrie; il les laisse, tout à coup, sans fortune peut-être ; mais encore il grève sa succession d'une charge annuelle de mille francs, montant de la prime qu'il faut payer longtemps à la Tontine, pour ne pas perdre les économies du passé, et conserver l'illusion de la fortune future.

OPÉRATION MIXTE (1), EN CAS DE DÉCÈS, DE L'ASSURANCE SUR LA VIE.

Ce chef de famille au lieu d'assurer un enfant dont l'existence est si fragile, contracte sur lui-même une assurance en cas de décès.

Suivant son âge, — plus on est jeune, moins la prime est élevée —, on lui garantit un capital déterminé dans la police ; soit trente mille francs, minimum, je suppose.

S'il vit jusqu'à l'échéance convenue, il touche personnellement la somme qui lui est acquise : c'est la dot de son enfant.

S'il meurt prématurément dans l'intervalle, fût-ce un jour après le versement de la première prime, l'Assurance paie immédiatement à ses héritiers le capital de trente mille francs qui a été garanti : c'est la sauvegarde de la veuve et de l'orphelin !

(1) Voir la note 4 à la fin.

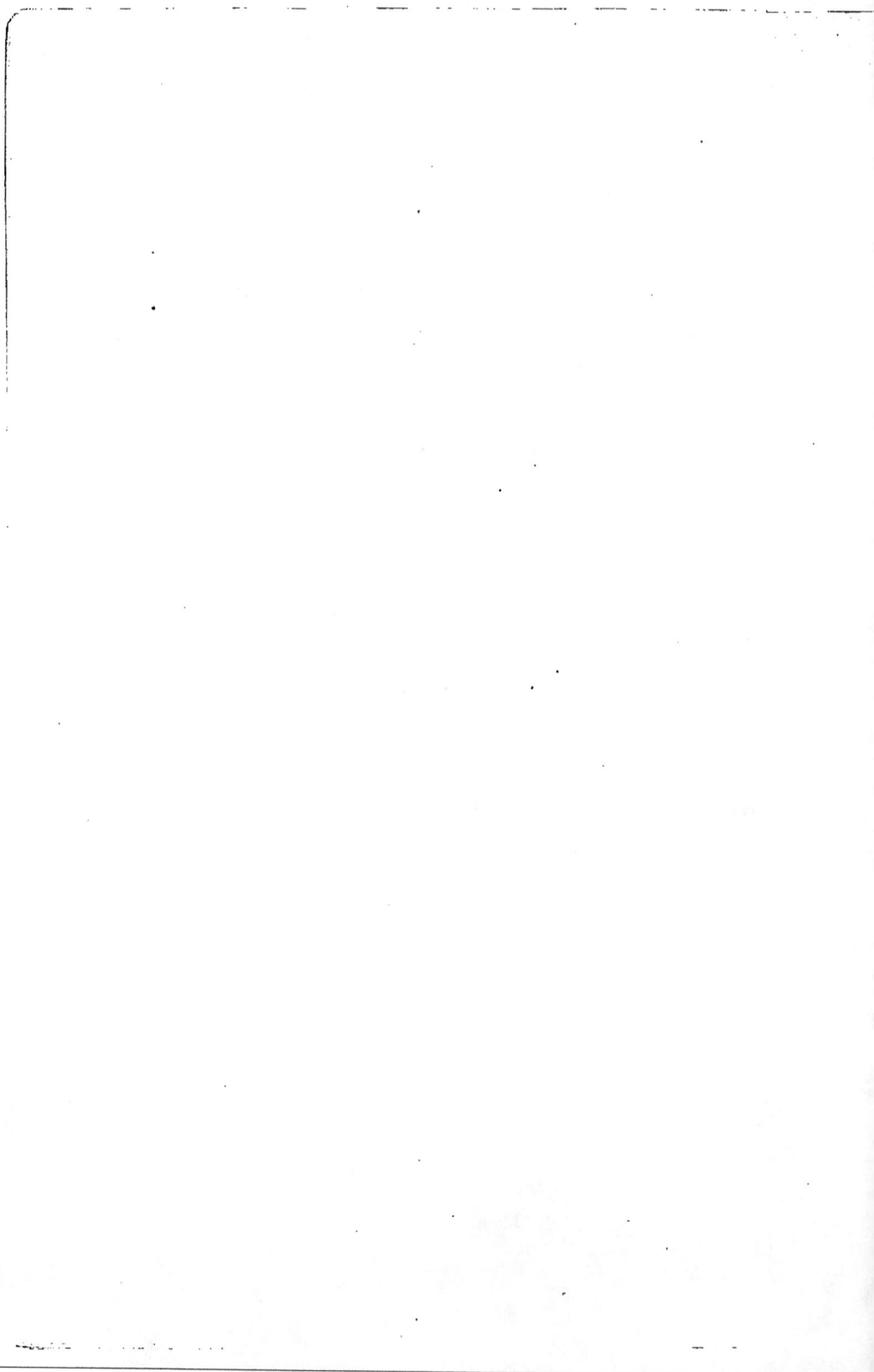

CHAPITRE III.

—

Le spectacle imposant de l'opulence de l'Angleterre est dû au génie de cette nation éminemment porté vers les applications utiles. Aussi le bon sens pratique si élevé du peuple anglais, après avoir donné l'essor aux assurances maritimes, fluviales, et contre l'incendie, comprit bientôt l'impérieuse nécessité des Assurances sur la vie. Ce fut une noble pensée, dont nos Voisins ont le droit de s'enorgueillir, que d'exonérer la mort de ses conséquences les plus désastreuses!

Depuis un siècle et demi, les merveilleux progrès de cette philanthropique institution ont été toujours croissants : à ce point, qu'elle s'est intimement liée aux mœurs anglaises, et qu'elle est aujourd'hui, dans son principe d'association, une des causes de la supériorité industrielle et financière de l'Angleterre.

Elle a su se concilier tous les suffrages, et deve-nir rapidement populaire. C'est parmi les négo-ciants, les administrateurs, les magistrats, les fonc-tionnaires publics, les médecins, les notaires, les avocats, enfin parmi tous ceux qui sont les seuls sou-tiens de leur famille et qui exercent une profession lucrative, qu'elle recrute sa clientèle la plus nom-breuse, et reçoit sa plus grande force d'impulsion. Nul ne se croit affranchi du besoin d'y recourir, quelles que soient sa classe et sa position.

Le lord, tout aussi bien que l'artisan, craindrait de se soustraire à une action digne et honorable, de manquer à un devoir, en ne contractant pas une Assurance.

Un roi, Sa Majesté Guillaume IV, des membres de la famille royale ont tenu à honneur de voir figurer leurs noms sur les registres des Assurés.

Un des plus riches membres de la Haute-Chambre, le marquis de Hastings, a acquis plusieurs contrats d'assurance montant ensemble à 3 millions, afin de laisser à sa famille ses biens libres et dégrévés de toute dette.

Le chiffre actuel des Assurances sur la vie, en Angleterre, se porte à plus de huit milliards !... C'est l'existence de huit cent mille familles !...

L'Assurance sur la vie est l'application des lois

de la mortalité, que la science de la statistique, produit des immortels travaux des Pascal, Bernoulli, Laplace, d'Alembert, Condorcet, etc. etc. a réduites en calculs rigoureux, en données certaines, dans une vaste théorie analytique.

De l'étude sérieusement approfondie de l'Assurance, il s'ensuit la conviction entière qu'une Compagnie bien organisée, et qui fonctionne régulièrement, nous apparaît comme la machine la plus admirable, la mieux conçue et la plus solide qu'il y ait, tant dans la haute portée philosophique de son principe, que dans les résultats de son application.

Le développement des services qu'elle est appelée à rendre à l'individu, à la famille, à la Société et à l'État, en créant des valeurs ; en s'opposant aux excès de la mobilisation, aux abus de la spéculation ; en augmentant l'ordre, la moralité, la richesse, l'élèvent à la hauteur d'une institution d'intérêt public.

C'est une puissance fortifiante qui donne aux positions inquiètes, incertaines, la sécurité de l'avenir ; cette force énergique qui surmonte les obstacles et nous conduit aux grandes destinées. Elle fonde la prospérité matérielle et contribue au progrès, à l'avancement moral par la pratique et l'habitude de l'épargne. Elle favorise le bon vouloir de ces natures vaillantes, qui, au lieu de se plaindre toujours de leur condition, entreprennent de la changer, ou tout au moins de l'améliorer; et elle leur montre, dans leurs angoisses qui semblaient éternelles, les bienfaisantes consolations de l'avenir. Elle raffermit le sentiment de la famille; car le chef de maison, qui est le protecteur et le pourvoyeur des siens, se sent abrité par elle contre les éventualités redoutables qui pourraient paralyser, anéantir son énergie et son dévouement. Il y a plus encore: s'il est vrai que les préoccupations morales, les joies et les peines du cœur exercent un effet matériel sur l'état du corps, on peut affirmer, sans exagération, que le recours à cette institution influera salutairement sur les vicissitudes de l'existence.

Qu'aux prises avec un mal inconnu, un homme se voie entouré des êtres qui lui sont chers, il sourit tout d'abord à la tendre sollicitude, aux soins inquiets dont il est l'objet. A peine sur son lit de douleurs, l'inquiétude de l'avenir des siens le saisit : le repos et le calme de l'esprit sont indispensables à sa guérison; mais si la maladie s'aggrave, sa pensée s'assombrit dans les terreurs d'une poignante incertitude. La fièvre du cœur active les frissons du corps ; et s'il meurt, son regard en s'éteignant s'est douloureusement fixé sur les portes d'une tombe, au delà de laquelle il envisage avec effroi le sort funeste de ceux qu'il a tant aimés.

Si au contraire, une sollicitude prévoyante et sage l'a prémuni contre les tristes effets de son décès, de consolantes pensées le soutiennent : elles l'aident efficacement à combattre, à vaincre son mal ; une crise salutaire s'opère, et il renaît à la vie avec des forces et une énergie nouvelles.

Le bienfait effectif de l'Assurance, ignoré, méconnu en France, finira par porter avec lui son évidence, et agira par la voie la plus sûre mais la plus longue : celle des résultats acquis. Il doit devenir le salut des classes indigentes. Car l'Assurance sur la vie, n'étant autre chose que l'épargne élevée à sa plus haute expression, contient le principe de l'extinction radicale du paupérisme. Mais ni la force du Gouvernement, ni les théories des économistes ne sauveront l'ouvrier de la pauvreté. Il faut que l'ouvrier lui-même le veuille avec fermeté. C'est à son courage que l'Assurance sur la vie en appelle ; c'est par ses propres efforts qu'elle le guérira.

Si nos mœurs et nos coutumes rendaient indispensable l'obligation de réserver quelque provision pour l'avenir, nos classes laborieuses seraient

bientôt pourvues de toutes les nécessités de la vie.
Notre grand et inimitable fabuliste, le bonhomme
La Fontaine, dans la première de ses Fables, nous
donne lui-même cette leçon de prévoyance, connue
de tous, mais si souvent oubliée :

> « Se trouva fort dépourvue,
>   Quand la bise fut venue..... »

Les amis de l'humanité gémissent, en voyant que
l'ouvrier ne sait pas prévoir la vieillesse et la mort.
Là se trouvent les motifs d'approuver, d'encoura-
ger notre institution, où les personnes de toutes
conditions peuvent au moyen de leurs épargnes,
s'assurer un capital pour le moment où l'âge et les
infirmités viendront les priver des ressources de leur
travail. Certes, si quelque habitude mérite d'être
préconisée dans les grandes nations, comme dans
les petits États, c'est uniquement l'économie, dont
on a fait une vertu : et ce n'est pas sans raison. Elle
est fille de la sagesse ; elle suppose la force et l'empire de soi-même ; elle sait se refuser le superflu
pour se ménager le nécessaire, et nulle n'est plus
féconde en heureuses conséquences. Enfin, elle se
lie aux intérêts généraux de la société en accroissant
la richesse individuelle, en même temps qu'elle
augmente le capital national.

La défiance ne prévaudra pas longtemps contre l'Assurance sur la vie, qui s'adresse aux deux plus puissants ressorts de notre nature : l'intérêt et l'affection ! Le bon sens, la logique, l'expérience finiront par vaincre le préjugé qui s'attache à elle, chez un peuple que l'on regarde à juste titre comme le plus avancé dans la voie du progrès social.

L'influence des Compagnies Anglaises établies en France (1) aura pour résultat, tôt ou tard, de la faire grandir et se développer parmi nous, surtout quand se dissiperont cette méfiance, cette crainte perpétuelle d'un conflit avec nos Voisins : je veux parler de la guerre.

« Il dépendrait de l'homme, écrit J. B. Say dans son Traité d'Économie Politique, d'écarter ce fléau. Mais on ne peut se flatter de voir les guerres plus rares, qu'autant que les gouvernants deviendront très-éclairés sur leurs vrais intérêts, comme sur ceux du public; et que les peuples n'auront plus l'imbécillité d'attacher de la gloire à des dangers courus sans nécessité. »

L'Empereur Napoléon III, en dévoilant ses hautes

(1) Il est utile de faire remarquer que, par suite de la convention du 30 avril 1862, intervenue entre la France et l'Angleterre, promulguée par décret impérial du 17 mai de la même année, les sociétés légalement constituées en Angleterre jouissent en France, et par réciprocité, des mêmes droits que les Compagnies françaises.

pensées, revêtues d'un si rare bonheur d'expression, dans son discours aux exposants français de la dernière exposition universelle à Londres, détruit ces préoccupations et ces folles terreurs.

« La voilà donc enfin réalisée, dit-il, cette redoutable invasion sur le sol britannique, prédite depuis si longtemps!..

« Vous avez franchi le détroit; vous vous êtes hardiment établis dans la capitale de la Grande-Bretagne; vous avez courageusement lutté avec les vétérans de l'industrie. Cette campagne n'a pas été sans gloire, et je viens aujourd'hui vous donner la récompense des braves.

« Ce genre de guerre qui ne fait point de victimes, a plus d'un mérite: il suscite une noble émulation, amène ces traités de commerce qui rapprochent les peuples, et font disparaître les préjugés nationaux sans affaiblir l'amour de la patrie.....

« ..... Notre passage sur cette terre n'aura pas été inutile, puisque nous aurons laissé à nos enfants de grands travaux accomplis et des vérités fécondes, debout sur les ruines de préjugés détruits et de haines à jamais ensevelies..... »

En Angleterre, l'Assurance sur la vie est devenue l'une des bases du crédit, et l'une des causes principales de la prospérité publique.

La législation (1) et la sécurité territoriale de ce
pays, la pratique des substitutions, le respect pour
les traditions et la loi, sont, sans doute, des éléments notables de succès. Mais l'élan et la prospérité des Assurances sont dus, il faut le dire, à la
puissante initiative des classes supérieures de l'Angleterre qui comprirent, dans leur patriotisme,
que l'ouvrier se raidit et se montre rebelle à la morale, lorsqu'elle ne lui arrive que sous forme de
leçon. Aussi, réalisant par leur exemple l'accomplis-
sement de cette grande pensée, ils entraînèrent
l'adhésion des classes laborieuses, qui ne pouvaient
plus protester, ni dire qu'il est trop facile à des
gens riches et dépensant beaucoup, de conseiller
aux autres l'économie et la résignation.

Le progrès de l'Assurance sur la vie en France,
(car l'institution s'y développe de plus en plus),
est d'autant plus opportun et d'autant plus digne
de l'intérêt des gens de bien, que c'est elle qui peut
combattre efficacement la tendance endémique aux
enivrements de la spéculation et la fièvre des opé-

(1) Par un acte du Parlement, en date du 2 novembre 1862, le Gouvernement anglais a proposé une mesure législative d'une immense portée : c'est la responsabilité entière et sans limites des actionnaires des sociétés anonymes, qui devront garantir solidairement et indéfiniment
toutes les obligations contractées par elles. Les grandes Compagnies anglaises d'Assurances l'ont adoptée, et se sont immédiatement fait enre-
gistrer ainsi.

rations aléatoires. C'est par elle aussi qu'il importe de détruire cette fâcheuse influence qui habitue l'homme à attendre de la fortune ce qu'il devrait obtenir de ses talents et de son courage. Son succès est nécessaire; car il est douloureux de constater le nombre des victimes que fait tous les jours le jeu, comme cette idole de Juggernant, dont la roue, qui tourne sans cesse, écrase souvent ceux qui se prosternent devant elle pour l'adorer.

Dans les débats judiciaires d'un procès célèbre, nous avons entendu, il y a peu de temps encore, la généreuse indignation d'un de nos magistrats, quand il abordait avec tant d'éloquence les hautes sphères de cette question sociale. Avec l'amertume qu'on doit ressentir en face d'un immense désastre, il nombrait ceux qui venaient d'être frappés par l'inconstance de la fortune. Et si toutes les conditions, depuis les plus élevées jusqu'aux plus infimes, y participaient, celles-ci surtout étaient le plus déshéritées. Alors d'un tel exemple dans le présent, il faisait ressortir une grande leçon morale pour l'avenir.

L'entraînement qui caractérise notre époque, c'est le désir naturel sans doute, mais immodéré, d'arriver vite à réaliser le plus de richesse possible; et pour réussir, on expose, comme sur les hasards

d'un dé, tout le fruit des épargnes péniblement ac-
quises et laborieusement ramassées. On les aventure
dans le jeu, ce péril constant de la fortune publique !

Quel est le résultat ordinairement obtenu ?

Des illusions évanouies, des espérances déçues,
et tout à coup une épave nouvelle qui s'engloutit,
comme dans un abîme, dans le sein d'une éternelle
immobilité. « Pour un individu que le jeu favorise,
dit Charles Comte, dans son Traité de Législation,
il cause la ruine d'une multitude. »

Ne serait-il pas urgent pour amoindrir ces revers continuels de la fortune privée, qui attei-
gnent aussi et compromettent la richesse publique,
de remplacer ces enivrements, cette fièvre du jeu
et des opérations aléatoires, par le régime salutaire,
essentiel, du travail et de l'épargne, seules vérita-
bles sources de la prospérité d'une nation ?

Toutes les institutions de crédit sont intéressées
au progrès des Assurances sur la vie ; toutes les
classes ont besoin d'y recourir. Leur développement
deviendra le correctif nécessaire de l'article 745 de
notre Code civil qui divise incessamment les hérita-
ges, et morcelle notre sol.

« Bien des gens, écrit un de nos économistes dis-
tingués, apprécient les avantages des assurances,

ne doutent pas de leur utilité en principe ; mais la confiance, point si délicat, leur manque.

« Je pratiquerais si j'avais la foi », disait un incrédule à Pascal : — « Pratiquez, et la foi vous viendra », répondit le célèbre penseur, et il ajoute : — « Je ne puis pas vous donner la foi qui vous manque, mais vous pouvez bien quitter vos habitudes, et éprouver si ce que je vous dis est vrai.... »

Il n'y a rien à ajouter, ni rien à répliquer à cette leçon de bon sens ; mais, « les preuves ne convainquent que l'esprit, et la coutume fait nos preuves les plus fortes. » Il faut donc s'attendre à voir encore beaucoup de gens manquer de foi, et se laisser mourir en vue de la terre promise.

En France, aujourd'hui, les Assurances sur la vie semblent être le privilége de quelques personnes bien avisées, ou bien informées. Il faut, si je puis ainsi dire, qu'elles deviennent le privilége de tout le monde.

Je citerai, en terminant cet exposé général de l'Assurance sur la vie, l'éloquent article que publiait un excellent écrivain, M. de Courcy, dans le *Correspondant* :

« C'est un devoir pour tout homme, placé par la Providence dans la situation responsable d'époux, de père ou de tuteur , de pourvoir aux besoins de ces êtres faibles dont il est le seul appui ; de telle sorte qu'en cas d'une mort soudaine ou prématurée , une partie , au moins, du bien qu'il leur faisait pendant sa vie leur soit continuée.

« Avant l'établissement de l'Assurance sur la vie , épargner sur nos revenus l'avenir de nos enfants , c'était une œuvre qui demandait du temps, de la prudence et de la persévérance. Sans doute, il y a plaisir et satisfaction intime à économiser, année par année , petit à petit , et à voir les épargnes de la jeunesse et de l'âge mûr s'augmenter successivement, jusqu'à devenir dans la vieillesse des sommes importantes ; mais c'est, on doit le reconnaître, un plaisir exposé à bien des hasards.

« Il faudra une grande fermeté de résolution , pour que , dans toutes les circonstances et quelles que soient les tentations de dépenses, on s'interdise de toucher à ce fonds sacré. En outre, le plan le plus fermement suivi se trouvera en défaut , précisément dans le cas où son bienfait serait le plus désirable. La mort peut survenir avant que les épargnes du père de famille aient créé un patrimoine à ses enfants ; et c'est là l'éventualité redoutable à laquelle il est si important de pourvoir.

« L'Assurance sur la vie est le seul remède cer-

3

tain à ce mal, la seule garantie efficace des enfants et des veuves contre la pauvreté.

« Combien d'appels faits journellement à la générosité des étrangers en faveur d'orphelins auraient été évités, si le père prévoyant avait eu recours à une assurance ! Combien il eût épargné à ceux qu'il aimait, d'amertume et d'humiliation par une précaution si facile ! Quand on considère quel léger sacrifice prélevé sur les dépenses ordinaires, peut-être sur les futilités du ménage, suffirait à fonder un patrimoine ; quand on pense combien de sécurité et de paix d'esprit peut s'acheter au prix de quelques économies annuelles, on éprouve une double impression de surprise et de blâme : on s'étonne que tout chef de famille ne se sente pas excité comme par un devoir social, religieux et moral envers la société et envers lui-même, à faire, au printemps de sa vie, une assurance correspondante à son aisance dans une des nombreuses institutions dont la Grande-Bretagne abonde.

« Il est vraiment difficile de croire qu'un homme soit assez aveuglé sur ses propres intérêts, assez peu soucieux de son indépendance, assez sourd à la voix de l'affection et de l'humanité, pour livrer les objets de sa tendresse à la froide charité d'étrangers, aux horreurs de la pauvreté et de l'abandon, alors

qu'il a devant lui un moyen si facile de les protéger ! »

Connaît-on une autre industrie, qui, dans ses sol-
licitations au public, aurait le droit d'employer un
langage aussi élevé?

C'est qu'il a pour objet une institution qui est
elle-même pleine de grandeur et d'élévation. Pure
de tout sentiment égoïste, elle est issue du dévouement et de l'abnégation la plus absolue : un siècle
et demi, en Angleterre, en a consacré la sincérité
et justifié les promesses.

Dans les familles opulentes, elle conserve, elle
accroît la richesse, le rang et la grandeur; dans les
classes laborieuses, elle assure le bien-être ; et abri-
tant les plus souffreteux contre la misère, elle leur
laisse ignorer les vices et la dégradation qui en sont
les terribles conséquences.

Pourquoi la France est-elle encore, relativement
du moins, indifférente à l'institution de l'Assurance sur la vie?

C'est que, peut-être, s'il est dans notre caractère
national de savoir lutter avec énergie contre un
obstacle externe et temporaire, il nous faudrait acquérir la fermeté indispensable pour réprimer notre
impatience et pour vaincre nos défaillances.

CHAPITRE IV.

L'ASSOCIATION.

—

Dans tout essai de fondation d'une caisse de retraite pour le Clergé, on doit se préoccuper de ces trois objets :

1° Assurer, pour l'avenir, la réalisation d'un capital qui permette de venir en aide à tous ses membres.

2° Laisser entre les mains de l'Administration des ressources suffisantes pour répondre, dans une mesure plus large qu'on ne l'a fait jusqu'à présent, aux besoins actuels et immédiats des prêtres infirmes, ou hors d'état de se suffire à eux-mêmes.

3° Appeler tous ceux qui participent à cette œuvre de justice, de dévouement et de charité, à recueillir le profit de leurs épargnes, en leur donnant, quelle que soit leur position, le droit à percevoir une part proportionnelle à leur mise, dans les bénéfices de cette fondation.

Tel est l'ensemble du projet (1) que je vais développer, dans ce dernier chapitre. (2)

L'économie et l'association fondent la prospérité matérielle. Aussi a-t-on donné une énergique impulsion aux sociétés, dont la grande pensée et le but sont de combattre l'imprévoyance qui semble, de nos jours, s'être érigée en système. Et cependant, qui peut répondre de conserver toujours sa fortune? Quelle est la richesse qui ne dépende en rien de l'injustice, de la mauvaise foi, et de la violence des hommes? N'est-ce pas le désir qu'ont les particuliers d'ajouter à leur bien-être, qui, en augmentant les capitaux par l'épargne, favorise l'industrie et rend les nations opulentes et civilisées? L'homme riche ne suppose guère qu'il doive jamais regretter de n'avoir pas fait usage de notre institution. Il devrait se défier un peu plus du sort; et s'il faut que l'expérience vienne en aide au raisonnement, il est facile de se rappeler qu'on a rencontré des infortunés qui ne s'attendaient pas à le devenir. Les faveurs de la fortune souvent s'évanouissent,

(1) Voir la note 1 à la fin.

(2) Ce projet peut s'appliquer aux Sociétés des Ouvriers réunis, ainsi qu'à toute Association religieuse ou laïque : quelques modifications dans les calculs seraient seules nécessaires. Il serait superflu d'insister, ce me semble, sur l'influence morale et sur les résultats matériels de cette initiative dans la vie de l'ouvrier et de la famille.

mais nos besoins et nos infirmités sont stables.

Cette insouciance de notre époque est un malheur social, et l'oubli de la pratique de l'épargne est le générateur du paupérisme : triste question qu'il est impossible de se poser sans une douloureuse émotion !

Dans l'excellente initiative prise par le Gouvernement, pour lutter contre cette tendance funeste, il s'est mêlé, à tort, un désir immodéré de surveillance et de centralisation. C'est un grave inconvénient, une atteinte à la spontanéité de la liberté individuelle. Mais c'est une tentation à laquelle ne résistera jamais l'administration française, dont la tutelle n'est ni nécessaire, ni obligatoire : car il n'y a plus de dignité là où n'existe pas la liberté.

En présence des situations où une portion considérable de l'humanité languit et souffre, quand tous les généreux efforts de la loi et des économistes sont impuissants, l'Assurance sur la vie devient un devoir, un remède proportionné à la profondeur du mal. C'est une solution lente et laborieuse sans doute, mais prudente et sûre du problème de l'avenir.

Elle est destinée à fortifier la famille, en introduisant, sous le toit du pauvre, le sentiment de la sécurité ; en lui donnant la volonté d'acquérir la propriété, qui naît du travail et de l'économie, à laquelle on s'attache avec passion et qu'on aspire à augmenter toujours. Elle lui fait concevoir la possibilité de laisser quelque chose à ceux qui lui sont chers, et elle dit à l'ouvrier, en lui enseignant son devoir : Tu peux avoir les vertus et la sollicitude d'un père, si tu le veux.

Multiple dans ses bienfaits, l'Assurance embrasse tous les besoins, toutes les exigences de la vie. Depuis le berceau jusqu'à la tombe, elle protége l'individu : elle couronne enfin l'efficacité de son œuvre posthume, par l'aisance qu'elle apporte aux veuves et aux orphelins.

Dans ses applications diverses, elle offre le meilleur moyen de constituer, sans grever sa succession, un legs à un ami, à des serviteurs, à des sociétés savantes, à des hospices, à des corporations religieuses, ou à des institutions de bienfaisance. Il est à remarquer que la propriété d'un contrat d'assurance étant transmissible, il ouvre la voie la plus indépendante pour exécuter les dispositions testamentaires. En effet, il suffit que le Donataire, porteur d'un contrat en vertu d'un transfert régulier, justifie du décès de l'assuré pour qu'immédiatement, (*sans entraves pour la liberté individuelle, sans aucunes formalités publique ou judi-*

ciaire), le montant de l'assurance soit versé entre ses mains.

Ses opérations se divisent en deux catégories distinctes : l'Assurance en cas de mort ; l'Assurance en cas de vie, et le calcul s'y prête aux combinaisons les plus variées.

La première garantit un capital payable aussitôt après le décès de l'Assuré (1) ; la seconde satisfait aux désirs légitimes, naturels, de profiter pendant la vie du fruit de nos épargnes. (2)

Les besoins impérieux des vieux prêtres ne pourraient attendre, sans souffrances, que les règles immuables de la mortalité aient accompli leur œuvre.

Il est donc urgent de leur venir promptement en aide, et il est possible de le faire, dans cette association du Clergé, par l'action simultanée des Assurances en cas de vie et en cas de mort. Ce qu'il faut le plus tôt au prêtre, ce n'est pas le superflu, mais le nécessaire. Avec le nécessaire, je le répète, il n'y a pas d'atermoiements.

Je ne puis développer *in extenso*, dans le cadre restreint de cette brochure, les calculs qui résolvent cette grande question : ils varient, du reste, suivant la statistique des membres participants.

(1) Voir la note 2 à la fin.
(2) Voir la note 3 à la fin.

Ce serait trop long et aussi trop aride. Il me suffira, je crois, de les indiquer dans leurs résultats pratiques.

Sur la tête des jeunes prêtres repose l'assurance du décès (1) pour fonder le Capital, le patrimoine indestructible, qui est l'espérance et la solution de l'avenir.

Sur l'existence des vieux prêtres, j'ai appliqué l'opération en cas de vie, qui constitue le bien-être d'une position définie et déterminée dans son échéance.

Ces deux assurances, quoique distinctes par leur nature, se relient entre elles : car les prêtres sont unis par la solidarité. Aussi, quand le moment sera venu, chacun d'eux recueillera la retraite qu'il aura créée par ses épargnes, et qu'il trouvera grossie par l'héritage de ses frères. En effet, chaque décès produira un profit qui reste acquis à l'Association.

Dans un résumé rapide, je vais indiquer succinctement cette application.

Tout prêtre associé devra payer dans un délai d'une quinzaine d'années, par cotisations progressivement décroissantes, et s'éteignant définitivement à cette époque, une somme commune à tous, qui ne dépasse pas quatre cents francs. (2)

(1) Voir la note 4 à la fin.
(2) Voir la note 5 à la fin.

A chaque membre, il est attribué la propriété inaliénable d'un contrat qui assure une retraite fixe de deux cents francs de rente aux vieux prêtres, et de six cents francs de revenu aux jeunes ecclésiastiques.

Le premier paiement de la rente (1), aura lieu dans cinq ans pour les prêtres les plus âgés. A chaque période quinquennale, conformément à la statistique du Diocèse, tous les prêtres recevront, quand ils auront atteint leur soixantième année, la retraite qui leur a été individuellement garantie, et qui leur appartient par le droit de leurs épargnes.

Cette association de tous les membres du Clergé devient vraiment fraternelle, et revêt un caractère religieux et moral. Le secours qu'ils se prêtent mutuellement dans cette grande œuvre, consolidera plus fortement entre eux les liens puissants de la vertu du sacrifice et de la charité. Les jeunes prêtres partagent et diminuent, il est vrai, la charge du paiement de la cotisation personnelle; mais, par une bienfaisante réciprocité, les vieux prêtres qu'ils aident, les en récompensent en leur laissant les bénéfices, — provenant de l'application des lois de la mortalité —, qu'ils auront contribués à réaliser pour une grosse part.

(1) Voir la note 6 à la fin.

Chaque année les ecclésiastiques nouvellement ordonnés entreraient aussi, à leur tour, comme membres participants. Ils continueraient par des opérations constantes et successives en cas de décès, à fonder, sans solution de continuité, le patrimoine commun.

Ce fonds social du Clergé, grandissant toujours, résoudrait enfin le problème depuis si longtemps cherché. Il assurerait, par cette association que j'allais appeler patriotique, le bien-être nécessaire, en même temps que la sécurité et l'indépendance.

Alors sans nuls soucis, sans préoccupations pour les besoins matériels qui sont la loi de notre nature, le prêtre, avec la dignité qui convient à son caractère, aurait dissipé les inquiétudes légitimes de son avenir.

Le sentiment de l'obligation de l'épargne serait doux au prêtre, qui ne vit que pour le devoir, le dévouement et le sacrifice.

. Maître de sa destinée, tout entier à l'exercice de son sacerdoce, il rehausserait encore cette vertu sévère, qui, nous pouvons le dire avec un juste orgueil national, distingue notre Clergé français.

FIN.

NOTES.

—

NOTE 1.

Un autre projet peut se présenter à l'esprit tout d'abord : c'est celui du Capital, qui, se cumulant par l'intérêt, pourrait remplir le rôle de la Compagnie solide et puissante *The Gresham*, dans la solution de l'avenir du Clergé.

Je vais examiner la possibilité de ce mode, dont quelques diocèses se sont servis, il y a longtemps, pour établir leurs Caisses de retraite. Il n'est pas étonnant, d'ailleurs, qu'ils l'aient accepté, puisqu'ils n'avaient pas alors l'option pour une autre manière.

Je suppose qu'un diocèse, celui d'Avignon, par exemple, se compose de 350 prêtres : on désire constituer à chacun d'eux une rente de 200 francs.

Il faut, pour obtenir la garantie de desservir toujours les revenus, former un Capital productif d'un intérêt au moins égal au chiffre des retraites.

Un appel de fonds doit être fait immédiatement, soit en un versement unique, soit par des cotisations annuelles.

Les ressources du prêtre sont si minimes, qu'elles sont insuffisantes même à ses besoins les plus urgents : et, disons-le,

il sait , dans cette pénurie extrême , les diminuer par la pratique de la charité.

Lui demander beaucoup , c'est le mettre dans une gêne
plus grande encore , ou plutôt , c'est exiger l'impossible.

Il est aisé de comprendre que le Capital , par de petits
moyens, restera longtemps , (trop longtemps !), à se former
et devenir assez puissant pour subvenir aux besoins immédiats , et à ceux qui le deviennent sans cesse.

Qui secourra , en attendant , les vieux prêtres, ceux qui sont
infirmes ou hors d'état de se suffire ? il est douloureux de son-
ger à cette lacune !

La solution demandée au Capital , serait donc spécialement
profitable aux jeunes prêtres !

Par le système de l'Assurance sur la vie , au contraire , tous
participent aux bienfaits de l'œuvre, dans un délai rapproché : et
si les jeunes ecclésiastiques acceptent, par dévouement pour leurs
vieux frères , la plus grosse part de la cotisation individuelle ,
ceux-ci sont heureux de les rémunérer par les résultats pro-
duits par leur décès. Cette compensation satisfait au droit de
la justice.

Admettons cependant que , par les efforts de l'épargne , la
Caisse diocésaine puisse réunir , dans un délai de dix ans , la
somme considérable de deux cent mille francs. Elle aurait acquis un revenu annuel de dix mille francs.

Peut-on, ou doit-on donner , à partir de cette époque, cinquante retraites de 200 francs ?

On le peut, sans doute, au point de vue du sacrifice et de
la charité ; mais on ne le doit pas, car on détruit infailliblement

la base fondamentale de l'édifice si laborieusement et si péniblement élevé par tous.

En effet, sur 350 prêtres qui ont concouru à la réalisation de ces 200 mille francs, on en choisit cinquante parmi les plus vieux ou les plus pauvres, auxquels on distribue le revenu intégral de 10 mille francs.

Il est de toute évidence qu'en immobilisant le Capital on le détruit. La condition essentielle de sa vitalité est d'augmenter sans cesse, pour suffire, dans l'avenir, aux nécessités des 300 autres membres participants et ayants-droit.

En outre, toute institution financière périt quand les dépenses sont supérieures aux recettes.

Quelques chiffres sont indispensables.

Qu'aura versé le prêtre, dans 10 ans ? une cotisation personnelle de 500 francs, je suppose.

Si, au lieu de 25 francs qui sont le revenu de ses 500 francs, on lui sert une rente annuelle de 200 francs, (ce qui représente à l'intérêt au 5 %, une somme de 4000 francs), qui paie cette énorme différence entre ce que le prêtre a donné et ce que le Capital a reçu, sinon le Capital lui-même?

Cette situation périlleuse est d'une incontestable vérité. Il faudrait, pour que la Caisse de retraite fondée par le rôle unique du Capital fût possible, admettre deux hypothèses:

1° Laisser le temps (25 ou 30 ans peut-être sans toucher ni au fonds, ni au revenu) nécessaire à sa formation, en rapport avec les besoins à secourir ;

2° Ou admettre que les prêtres retraités, et qui consomment l'intégralité du revenu, mourussent régulièrement dans un délai déterminé , pour céder à leurs frères le bénéfice de la participation à la retraite , devenu vacant par leur décès.

Poser ces questions , c'est les résoudre.

Les versements des futurs membres participants ne doivent pas figurer dans les chiffres d'augmentation du Capital , puisque leurs cotisations nouvelles créent , par compensation , des besoins nouveaux qu'il faudra satisfaire dans l'avenir.

Il est utile de remarquer aussi les pertes d'intérêt résultant de l'interruption des placements ; les préoccupations incessantes que causent les opérations financières incompatibles avec le caractère du prêtre ; les dangers auxquels l'exposerait son inexpérience en pareille matière , et enfin l'absence complète de toute garantie d'une retraite individuelle.

Je ne parlerai pas de l'immense avantage qui résultera , dans le projet de l'Assurance sur la vie, de l'application des lois de la mortalité. Le Capital étant impuissant à le produire , la discussion semble superflue.

Un exemple sera suffisant :

Les ressources pécuniaires du prêtre ne pouvant répondre à la demande immédiate d'une somme unique , un peu importante , on ne doit solliciter que des primes annuelles.

Supposons que , pour la fondation de la Caisse de retraite , le Capital exige, comme le projet de l'Assurance, une somme de quatre cents francs payables dans quinze annuités , et que le premier versement soit fixé à 45 francs.

Si le prêtre meurt la première année , le fonds commun gagne 45 francs; mais il est diminué de 355 francs.

Dans l'Assurance, le même Associé, s'il est compris dans la catégorie des assurés en cas de décès, laisse, en mourant la première année, l'héritage d'une somme de dix mille francs : soit un profit immédiat de 9955 francs, pour l'Association, produit par un seul versement de 45 francs.

Au double point de vue, matériel et moral, la Caisse de retraite ne peut être constituée par le Capital lui-même, jouant le rôle principal, à moins qu'il ne fût radicalement impossible de faire autrement.

L'Assurance sur la vie demande peu au Clergé, pour lui donner relativement beaucoup par l'application des lois de la mortalité.

Elle garantit à chaque membre participant, — ce que le Capital ne peut assurer tout d'abord —, un contrat de rente minimum qui lui est personnel ; c'est l'équité. Elle laisse entre les mains de l'administration supérieure, des bénéfices importants, (distribués par la Compagnie elle-même, ou réalisés par suite des décès), qu'elle saura répartir suivant l'inégalité des conditions.

Elle donne au prêtre le repos d'esprit qui lui est nécessaire, et elle satisfait aux désirs qui l'animent, de marquer toutes ses œuvres par la vertu du sacrifice et de la charité.

NOTE 2.

EXEMPLE D'UNE ASSURANCE EN CAS DE DÉCÈS.

Si pour le père de famille, l'Assurance en cas de décès est un devoir impérieux, elle est d'un intérêt capital pour le chef d'une grande exploitation industrielle ou financière.

A celui-là, elle garantit la redoutable éventualité d'une mort prématurée, qui le menace incessamment d'anéantir la source où sa femme, ses enfants, viennent puiser les éléments indispensables à leur présent et à leur avenir.

Le sort de l'entreprise repose, souvent en entier, sur la tête de celui-ci. Son décès imprévu peut faire surgir des complications, amener les embarras d'une liquidation immédiate. Cette liquidation deviendrait désastreuse, si elle avait lieu surtout pendant la durée d'une crise commerciale ou politique qui rend les débouchés, les échanges et les transactions difficiles.

Dans cette situation, une assurance de cent mille francs, je suppose, aurait pu sauver l'entreprise, et empêcher, quelquefois peut-être, la ruine des ayants-droit.

En admettant que ce chef d'industrie soit âgé d'une trentaine d'années, la prime annuelle qu'il aurait eu à prélever, sur les frais généraux, serait de 2470 francs.

S'il meurt, une année, un mois, un jour même après le premier versement de sa cotisation, ses héritiers reçoivent immédiatement la somme de cent mille francs. Mais ce Capital, déterminé au minimum par l'application des lois de la mortalité, s'accroît sans cesse par les bénéfices réalisés par notre Compagnie.

Elle les distribue tous les cinq ans dans une proportion de 80 pour cent. En 1860, le dividende réparti a été de 1 million pour l'exercice de 1855-1860, dont 800 mille fr. pour les Assurés, et 200 mille fr. pour les Actionnaires.

Le diviseur a été de 6 %, (1.20 % par an), d'augmentation du Capital. Ainsi, pour l'exemple cité plus haut, le profit de l'Assuré, s'il a contracté son engagement en 1855, a été de 6000 francs en 1860.

Dans cinq ans la somme fixée s'élève à 106,000 fr. L'expérience a démontré, par des épreuves nombreuses et successives, que cet accroissement atteint toujours un chiffre considérable. Après une période de vingt à vingt-cinq ans, il donne à l'Assurance une valeur double du montant primitivement garanti.

Les Assurés ont le droit de percevoir les bénéfices en espèces, ou de les appliquer à la réduction permanente de la prime, qui diminue ainsi graduellement et finit par s'éteindre à mesure qu'on avance en âge.

Le mode de participation le plus favorable est évidemment l'augmentation du Capital; car cette augmentation, quoique immédiate, est formée non-seulement de la somme des profits attribués à l'Assuré, mais encore de leurs intérêts composés, pendant toute la durée probable de son existence.

Si le Contractant, il faut tout prévoir, n'a pas foi dans la production des bénéfices, la Compagnie les lui escompte, par avance, au 10 pour cent de réduction sur la prime annuelle: soit, pour l'exemple ci-dessus, un profit de 247 fr. par annuité.

NOTE 3.

EXEMPLE D'UNE ASSURANCE EN CAS DE VIE.

Un célibataire veut vivre dans l'indépendance à partir de l'âge de soixante ans; il est, aujourd'hui, dans sa 35e année.

Ses revenus lui permettent d'économiser, jusqu'à cette époque, une somme annuelle de 414 fr. qu'il applique à l'Assurance.

La Compagnie lui garantit un Capital minimum de vingt mille francs, ou une rente déterminée de 2068 fr., qui, augmentés de la participation aux bénéfices, devront s'élever à un chiffre considérable à l'échéance du contrat.

Cette combinaison s'applique aussi aux Assurances dotales des enfants, à l'exonération du service militaire, etc. etc.

Moyennant une surprime de contre-Assurance, on a droit au remboursement des primes versées, en cas de prédécès de l'Assuré.

NOTE 4.

ASSURANCE MIXTE.

L'Assurance, en cas de décès, se subdivise en deux opérations.

La première garantit un Capital, payable aux héritiers du contractant, à quelque époque que survienne son décès : c'est l'Assurance sur la vie entière.

La seconde oblige la Compagnie à payer une somme à l'Assuré lui-même, s'il atteint l'âge ou l'échéance déterminée dans le contrat, ou à son hoirie, s'il meurt avant cette époque : c'est l'Assurance mixte, ainsi dénommée, parce qu'elle participe tout à la fois de l'Assurance en cas de vie et de l'Assurance en cas de décès.

J'ai dû appliquer cette opération à l'avenir du prêtre, pour déterminer absolument l'époque fixe de sa retraite, à l'âge de soixante ans.

NOTE 5.

EXEMPLE DE L'ASSURANCE EN ASSOCIATION.

Un prêtre âgé de 50 ans désire obtenir une rente de 200 francs, payable à l'âge de 60 ans.

En contractant une Assurance individuelle, il devra prélever sur ses épargnes 150 francs par an, soit 1500 fr., en
dix ans.

Dans l'Association, au contraire, et conformément au projet que j'ai élaboré, il ne paiera qu'une somme qui ne dépasse
pas 400 fr., pour atteindre le même but. La première prime
est fixée à un maximum de 45 francs ; les autres primes, progressivement décroissantes par les lois de la mortalité, s'étei-
gnent à la quinzième année.

NOTE 6.

RENTES VIAGÈRES IMMÉDIATES (OU FONDS PERDU) SUR UNE TÊTE, PAYABLES JUSQU'AU DÉCÈS.

Les placements en viager, dans une Compagnie d'Assurance,
tout en donnant au rentier un intérêt plus élevé que celui
qu'il obtiendrait d'un particulier, offrent, sous le rapport de
la sûreté et de l'exactitude du paiement, des garanties qu'on
ne saurait trouver ailleurs.

En effet, le particulier, en se livrant à une opération de
cette nature, agit ou par spéculation, et alors il cherche à donner le plus faible intérêt possible, ou par besoin d'argent, et
dans ce cas, la cause qui l'a porté à emprunter peut aussi l'empêcher de servir la rente. Frustré dans ses droits, le rentier
peut, il est vrai, poursuivre son débiteur en expropriation ;

mais , privé de son revenu, sera-t-il en mesure de faire face aux frais nécessaires en pareil cas ?

Il faut ajouter à ces graves inconvénients, et c'est un point capital , que l'immeuble servant de gage peut se trouver grevé d'une hypothèque antérieure ayant échappé à toutes les recherches , ou sous le coup d'une reprise dotale, ce qui est alors pour le rentier la ruine et la misère.

En traitant avec une Compagnie, être collectif qui agit sur un vaste ensemble d'individus qu'elle ne connaît même pas , le rentier évitera de se trouver en rapport constant avec une personne pour laquelle sa vie est souvent une charge onéreuse.

Taux des rentes :

à 60 ans , 10 34 pour cent.
65 ans , 12 32 »
70 ans , 14 92 »
75 ans , 18 19 »

Tout est prévu dans l'institution des Assurances sur la vie.

La prime consentie aux jours de l'aisance et de la prospérité pourrait devenir difficile , quelquefois même impossible, au temps des revers inattendus de la fortune. Il serait douloureux de perdre , sans compensations, toutes nos épargnes.

Il en était ainsi dans les Tontines. Mais dans l'Assurance sur la vie, chaque prime porte ses fruits et acquiert un droit imprescriptible. Si la cessation du paiement de la cotisation a lieu pour une cause quelconque, fortuite ou volontaire, le contrat est réduit dans la proportion des sommes versées.

Par exemple : Une personne s'est assurée, en cas de vie, pour un Capital de 20,000 francs ; elle est âgée de 35 ans, et son engagement a été fixé à un délai de 25 ans. Pendant cinq ans, elle a payé une prime annuelle de 414 fr., soit 2070 francs. Si elle cesse à cette époque, la Compagnie lui doit un contrat proportionnel, c'est-à-dire les cinq vingt-cinquièmes du Capital garanti, égal à 4000 francs.

Dans l'Assurance en cas de décès, l'Assuré peut, s'il le désire, racheter son contrat en le résiliant ; si mieux il n'aime emprunter une partie des versements effectués, que les Compagnies tiennent toujours à sa disposition. C'est un placement avantageux et d'une sécurité absolue pour elles, puisqu'elles prêtent à leurs créanciers.

L'Assurance sur la vie repousse donc toutes les inquiétudes des échéances rigoureuses et lointaines. Elle est même pour l'Assuré un moyen de crédit, une ressource toujours réalisable. C'est un bienfait nouveau à ajouter à ceux que j'ai déjà énumérés.

FIN DES NOTES.